Für meinen Mann Rolf und meine Kinder
für ihre Liebe und Unterstützung

Waltraut Weinert

Depressionen?
Wege zu neuer
Lebensfreude

Ein Ratgeber

www.tredition.de

© 2012 Waltraut Weinert

Umschlaggestaltung: Waltraut Weinert
Fotos: Rolf Weinert
Satz, Korrektorat: Corinna Podlech, Hamburg

Verlag: tredition GmbH, Hamburg
ISBN: 978-3-8491-2023-8
Printed in Germany

Inhaltsverzeichnis

Wissen ist Macht

Wissen ist Macht,

Wissen gibt Sicherheit,

Wissen macht stark,

Wissen nimmt die Angst.

(Flyer im Tumorzentrum Uni Tübingen)

Wissen ist Macht ... und die halbe Miete ...

Nach diesem Motto habe ich für Sie die wichtigsten Fakten, die es im Zusammenhang mit dem Thema Depressionen gibt, zusammengestellt.

Bei dieser Arbeit war mir das Internet eine wertvolle Hilfe.

Aus gegebenem Anlass möchte ich feststellen: Ich bin keine Wunderheilerin. Meine Aufgabe sehe ich darin, Sie über die Krankheit Depression zu informieren, damit Sie wissen, wie und was die Krankheit ist, wie sie sich entwickelt, welche Ursachen, welche Behandlungsmöglichkeiten es gibt – und welche Möglichkeiten es für Sie als Betroffenem oder als Angehörigem eines depressiv erkrankten Menschen gibt, um trotz dieser Erkrankung ein erfülltes, gutes Leben führen zu können.

Aber auch, wenn Sie gar keine Symptome bei sich erkennen: Sie haben ein Umfeld und wenn Sie die Prognose der WHO (Weltgesundheitsorganisation) gelesen und erfasst haben, teilen Sie ganz sicher mit mir die Auffassung, dass es absolut notwendig (Not wendend!) ist, dass so viele Menschen wie möglich informiert sind.

Warum?

Weil es jeden von uns treffen kann – Sie werden sich wundern über die außerordentlich hohe Zahl betroffener Menschen! Wenn Sie das Glück haben, dass es Sie nicht trifft, dann können Sie andere darauf aufmerksam machen, dass bei ihnen möglicherweise eine Zeitbombe scheinbar unaufhaltsam tickt, die schnellstmöglich durch eine Behandlung entschärft werden sollte. Und ich übertreibe nicht, wenn ich behaupte, dass Sie möglicherweise in Ihrem Umfeld Menschenleben dadurch retten können. Wenn wir so, nicht nur auf uns, sondern auch auf unseren Nächsten achten, dann ist das eine sehr gute Sache. Ich denke in diesem Falle groß und behaupte, dass die Prognose sich dann nicht in dem riesigen Ausmaß erfüllen wird wie vorhergesagt.

Aber sehen Sie bitte selbst!

Prognose der WHO für das laufende Jahrzehnt

Im Oktober 2010 stellte die WHO im FOCUS-Magazin die Gesundheitsprognose für das laufende Jahrzehnt vor:

„Schwere Depressionen verbreiten sich in Deutschland wie in den meisten Ländern in furchterregendem Tempo. Innerhalb nur eines Jahrzehntes hat sich das Risiko für junge Menschen, krankhaft schwermütig zu werden, mehr als verdreifacht (2000 - 2010).

In weiteren zehn Jahren (2010 - 2020) werden Depressionen bei Frauen die verheerendste Krankheit sein. Bei Männern werden nur, stressbedingt, Herz- und Kreislauferkrankungen noch mehr Schaden anrichten." *(Zitat aus FOCUS – Oktober 2010)*

Diese Nachricht erschreckte mich über alle Maßen – wissen Sie, warum? Ich kenne diese Krankheit aus eigenem Erleben und weiß, wie schwer es sein kann, mit ihr zu leben. Wenn Sie dieses Buch gelesen und verinnerlicht haben, dann wissen Sie, dass Depressionen sogar lebensgefährlich werden können. Dies kann aus zweierlei Gründen geschehen:

1. Aus Unkenntnis – man hat zwar schon von Depressionen gehört, aber etwas Genaues weiß man nicht und außerdem haben solche Krankheiten sowieso immer nur die anderen Leute! Wer kennt schon die Symptome in dem Maße, dass er eine treffende Diagnose stellen könnte?

2. Aus Angst vor einer Stigmatisierung (Brandmarkung) wird keine Behandlung aufgenommen. Der Gang zum Psychiater fällt extrem schwer! Warum? Vielleicht aufgrund der Angst, als verrückt zu gelten?

Ich reagierte auf mein Unwohlsein damit, dass ich mir einredete, dass ich es meiner unangenehmen Lebenssituation zu verdanken habe. An eine Erkrankung dachte ich nicht. Ich machte es so wie immer, nahm mich zusammen, so gut und so lange es ging. Darin hatte ich ja von früher her viel Übung. So redete ich mir ein, dass sich die Lage von selbst wieder beruhigen würde. Man nimmt sich halt zusammen und macht sein Tagewerk. Ich kann mir vorstellen, dass dies auch die tragische Denkweise des bekannten Fußballspielers Robert Enke war – wir wissen um sein tragisches Ende im Freitod!

Notwendigkeit der Information

Der erfolgreiche Fußballer Robert Enke lehnte jede Form der Behandlung ab, obwohl er wusste, dass er an Depressionen erkrankt war. Hätte er sich über seine Krankheit informiert, hätte er ganz schnell gewusst, dass diese Krankheit ohne Behandlung unaufhaltsam fortschreitet, dass sie im Laufe der Zeit Gedanken der Hoffnungslosigkeit mit sich bringt und eines Tages zur Überzeugung führt, dass das Leben sinnlos und schlimmstenfalls nicht lebenswert ist. Und jeder weiß: Ein Mensch, der jede Hoffnung in seinem Leben verloren hat, kommt in die Gefahr, eines Tages dieses hoffnungslose Leben zu beenden.

Hier muss erwähnt werden, dass sich in unserem Land jährlich 10.000 Menschen das Leben nehmen – von ihnen sind oder vielmehr waren jeweils ca. 5000 an Depressionen erkrankt.

Auch die Ehefrau von Robert Enke war leider nicht ausreichend über das Leiden ihres Ehemannes informiert: Nach dem tragischen Tod ihres Mannes sagte sie in einem Interview, dass sie beide mit viel Liebe versucht hätten, die Depressionen zu heilen. Es tut immer gut, viel Liebe zu erhalten, jedoch kann man damit keine Depression heilen – sie muss in die Hände eines erfahrenen Arztes gelegt werden. Es steht mir keinesfalls eine Aburteilung anderer Menschen zu. Das, was uns das Beispiel der Familie Enke zeigt, ist die ungeheure Tragik, die sich aus mangelnder Aufklärung und mangelndem Wissen über diese Krankheit ergeben kann.

Was ist eine Depression?

Man redet landläufig über Depressionen, aber wer weiß schon etwas Genaues über diese Krankheit?

Das Wort „Depression" stammt aus dem lateinischen Wort „deprimere" und bedeutet „niederdrücken". Von niedergedrückter Stimmung hat jeder von uns schon einmal gehört oder gelesen. Depressionen sind die häufigste neurologische Erkrankung (Nervenerkrankung) in unserem Land, eine wahrhafte Geißel unserer Zeit. Behandelt werden Depressionen einmal von Neurologen = Nervenärzten sowie von Psychiatern = Seelenärzten.

Erst kürzlich wurde in den Abendnachrichten bekannt gegeben, dass es noch nie so viele Krankmeldungen aufgrund von Depressionserkrankungen gegeben hat wie in diesem Jahre 2012.

Fazit: Die prognostizierte Depressionswelle hat uns erreicht und schwappt – bildlich gesprochen – „über das Land".

Die amtliche Schätzung für die Bundesrepublik Deutschland besagt, dass es über 4 Millionen Menschen gibt, die depressiv erkrankt sind. FOCUS hat eigene Recherchen angestellt, die zum Ergebnis kamen, dass 10 Millionen Menschen in unserem Land Probleme damit haben, ihren Alltag zu meistern – und zwar aufgrund depressiver Erkrankung. Die Dunkelziffer ist naturgemäß hoch. Diese Dunkelziffer bedeutet, dass ungezählte Menschen an nicht erkannten Depressionen leiden. Und nicht erkannt heißt gleichzeitig: Nicht behandelt. Dadurch kann die Krankheit fortschreiten, was bedeutet, dass sich Hoffnungslosigkeit und Sinnlosigkeit des Lebens immer mehr ausbreiten. Und diese führen oft zum tragischen Tod durch Suizid (Selbsttötung).

Die gute Nachricht ist nun, dass Depressionen gut behandelt werden können und viele Erkrankte dadurch ein (fast) normales Leben führen können.

Als Fazit bleibt jedoch, dass Depressionen keine harmlose, zu vernachlässigende Krankheit sind, sondern dass sie durchaus lebensgefährlich werden können. Die jährlichen Suizidopferzahlen bezeugen es.

Symptome, die auf eine Depression hindeuten können

Es gibt eine ganze Anzahl von Merkmalen oder Symptomen, die auf eine Depression schließen lassen. In aller Regel treten mehrere dieser Auffälligkeiten nebeneinander auf. Es ist hilfreich, über jeden der aufgeführten Punkte nachzudenken. Sollten mehrere dieser Punkte mehr als kurzzeitig auftreten, ist erhöhte Aufmerksamkeit angebracht:

- Krankhafte, lang anhaltende und schwer zu ertragende Niedergeschlagenheit

- Fehlende Gefühle

- Schlafstörungen

- Gewichtsverlust infolge Appetitlosigkeit

- Freudlosigkeit

- Hoffnungslosigkeit

- Verlust der Fähigkeit, sich für etwas zu begeistern

- Nicht abzulenken

- Nicht aufzuheitern

- Rückzug von Menschen

- Rückzug von früher gern ausgeübten Tätigkeiten, Hobbys, etc.

- Gefühl der Sinnlosigkeit, das sich über alles legt

- Wunsch, dem Leben ein Ende zu setzen: Suizidgefährdung!

Es gibt auch den Kummerspeck.

Sollten Sie bei sich oder einem anderen Menschen diese Symptome entdecken, ist ein Besuch bei einem erfahrenen Arzt das Gebot der Stunde.

Depressionen und ihre Ursachen

Seit einigen Jahrzehnten ist es unbestritten, dass es genetisch bedingte, d. h. durch Erbanlagen verursachte Depressionen gibt. Vereinfacht gesagt heißt dies, dass sie vererbt sind, in den Genen sitzen und von Zeit zu Zeit eine Depression zum Ausbruch kommen lassen. Ist ein Eltern- oder Großelternteil genetisch bedingt an Depressionen erkrankt, dann besteht für die Kinder ein ca. 20-prozentiges Risiko, dass diese Krankheit ebenfalls ausbricht. Sind beide Elternteile an genetisch bedingten Depressionen erkrankt, beziffert die Forschung das Risiko auf etwa 50 Prozent.

Eine weitere Gruppe der Depressionsursachen liegt in biologischen Ursachen. Hierbei tritt eine Veränderung in der Menge der relevanten Botenstoffe im Gehirn ein. Als Folge dieser Veränderung kommt es zu Störungen der Abläufe im Gehirn. Die wichtigsten dieser Botenstoffe sind mit Dopamin, Serotonin, Noradrenalin und Endorphinen zu benennen. Diese Botenstoffe werden allgemein in der Medizin Neurotransmitter genannt. Diese Bezeichnung deutet darauf hin, dass sie wichtig für die Übertragung von Signalen im Gehirn sind. Sie übertragen Nachrichtenimpulse von einer Nervenzelle zur anderen und können ihre Aufgabe nur dann vollumfänglich richtig erfüllen, wenn sie in ausreichender Menge und Dichte vorhanden sind. Tritt die Situation ein, dass z.B. einer dieser Botenstoffe in zu geringer Menge im Gehirn vorhanden ist, so kann dies eine Depression auslösen.

Allgemein ist bekannt, dass es auch psychosoziale Ursachen für Depressionen gibt. Hierzu gehören bekanntermaßen alle Trennungsverletzungen – z.B. infolge von Trennungstraumata wie Ehescheidung, Trennung von Kindern, Trennung von Freunden oder wichtigen Bezugspersonen, Arbeitsplatzverlust, Verlust der vertrauten Umgebung z.B. infolge von Aufnahme in ein Seniorenheim. Die Hilfe innerhalb dieser Depressionsursachen erstreckt sich über mehrere Teile:

➢ Aufarbeitung des bisherigen Lebens

➢ Herausfiltern der schlechten Botschaften

➢ Schlechte Botschaften in gute, bekömmliche, wohltuende, befriedigende Botschaften umwandeln

➢ „Neuprogrammierung" durch positive Gedankenkontrolle

➢ Dem Leben innen und außen eine gute, positive Ordnung geben (Vergeben für den inneren

Bereich, Haus in Ordnung halten für Außenbereich)

Die Diagnose von Depressionen ist sicher ein sehr schwieriger Bereich, auch für den ausgebildeten Spezialisten. Es gibt sehr viele unterschiedliche Erscheinungsformen der Depression, leichtere und schwerere Verlaufsformen und es ist die ausdrückliche Aufgabe des Facharztes, egal ob Neurologe oder Psychiater, hier eine sorgfältige Diagnose zustellen. Je nach Schwere der Depression muss die Behandlungsform darauf eingestellt werden.

Allgemein erfolgt die Analyse und Beurteilung durch den Facharzt nach den folgenden drei Kriterien:

• Klagt der Patient über länger andauernde, rasche Ermüdung?

• Ist die Stimmung des Patienten nachhaltig „im Keller?"

• Verfügt der Patient über die Fähigkeit, normale Gefühle wie Freude oder Trauer zu empfinden und zu zeigen?

Für den Laien gibt es eine verhältnismäßig einfache Faustregel zur Beurteilung der Frage, ob man selbst, ein Verwandter oder Freund möglicherweise unter einer Depression leidet:

Kann jemand die täglichen normalen Arbeiten in Haus und Hof noch normal und befriedigend erledigen, so kann man eine Depression fast ausschließen. Im Umkehrschluss kann man eine wahrscheinliche Depression annehmen, wenn diese Fähigkeit zur Alltagsbewältigung und Selbstorganisation merklich eingeschränkt ist.

Hat der Facharzt in manchmal längeren Patientengesprächen seine Diagnose erstellt, wird er für den Patienten einen Behandlungsplan erarbeiten, dessen Einhaltung für den Besserungs- und Heilungsprozess des Patienten elementar wichtig ist.

Behandlungsmöglichkeiten/
Behandlungsplan

Eine sehr wichtige und zunehmend erfolgreiche Form der Behandlung ist die *Verordnung von Medikamenten*. Der Patient wird „eingestellt", das heißt, dass die richtigen Medikamente bestimmt werden und die optimale Dosis ausgetestet wird. Dies ist oft ein Prozess des „Herantastens", bis die Verabreichungsmenge ermittelt ist, die dem Patienten die nötige Erleichterung und Besserung bringt. Dies ist nötig, weil jeder Mensch anders auf ein Medikament reagiert. Die verabreichten Medikamente werden allgemein *Antidepressiva* genannt.

Für den Patienten heißt es in dieser Austestungsphase: Jetzt nur nicht die Geduld verlieren! Es winkt ein fast normales Leben, das muss diese kleine Mühe schon wert sein. Ist die optimale Dosierung gefunden, bessern sich Stimmung und Lebensfähigkeit rasch. Ein (fast) normales Leben winkt – eine tolle Sache!

Ebenfalls sehr erfolgreich und weithin angewandt ist die *tiefenpsychologische Behandlung*. Die Tiefenpsychologie fördert Erkenntnisse zutage, die unser Verhalten bestimmen, uns jedoch nicht bewusst sind, weil sie in den Tiefen des Unterbewusstseins schlummern. Mit Hilfe der Traumdeutung werden unbewusste Vorgänge erkannt und können dann gut weiterbehandelt werden. Ein Beispiel hierfür mag die folgende Geschichte sein:

Jede Nacht wacht der neunjährige Michael laut schreiend, weinend, schweißgebadet und zitternd auf und will sich trotz tröstender Worte und Umarmungen gar nicht mehr beruhigen. Befragt nach seinem Traum, kann er sich an gar nichts mehr erinnern. So geht es über mehrere Wochen, immer wieder kommt es zu den nächtlichen Schreckensszenen, der Schlaf der ganzen Familie ist gestört. Es geht soweit, dass Michael Angst vor dem Schlafengehen entwickelt. Die Eltern stellen ihr Kind einem Kinder- und Jugendpsychiater vor, der Michael mit den speziellen Methoden der Tiefenpsychologie so weit bringt, dass er sich an seine Träume erinnern und sie schildern kann. So kann Michael mit Hilfe der Tiefenpsychologie seine Ängste und kindlichen Depressionen besiegen und wieder gut und erholsam schlafen.

Eine weitere wertvolle Hilfe für depressiv Erkrankte ist die *Verhaltenstherapie.* Auch das eigene Verhalten anderen Menschen gegenüber kann krankmachend sein und zu Depressionen führen. Kennen Sie das auch? Alle Gäste einer Party unterhalten sich angeregt, lachen, sind fröhlich, trinken etwas Gutes, tanzen ein wenig und genießen die Gemeinschaft. Alle? Nein, nicht alle! Ein Gast steht allein am Fenster und starrt in die dunkle Nacht hinaus ... Er fühlt sich nicht wohl, anders als die anderen, und ist frustriert und unsicher. Er hatte sich so auf diese Party gefreut – und jetzt das! Wieder ist er der Außenseiter, wieder nimmt ihn niemand ernst, wieder findet er keinen Anschluss! Die anderen Gäste machen sich über ihn lustig, nehmen das, was er sagt, nicht für voll, verständigen sich untereinander mit Augenzwinkern und einer nach dem anderen „macht sich vom Acker", wie man heute so sagt. Da steht er nun allein und versucht, seine Enttäuschung zu verbergen. Er schafft es einfach nicht, dazuzugehören. Das ist schwer zu ertragen, gerne würde er sein Verhalten dahingehend ändern, dass auch er mithalten kann. Nur: Er kann die Situation nicht ändern, er weiß nicht, wie und wo er anfangen soll. Er braucht Hilfe, wenn er nicht ein Sonderling bleiben will. Wenn er nichts tut, d. h. keine Hilfe holt, um sein Verhalten neu zu gestalten, dann rutscht er immer mehr in die Rolle des Außenseiters, mit den Reaktionen Rückzug, schwere Traurigkeit bis hin zu Depressionen. Er hat schon mit allen ihm zur Verfügung stehenden Mitteln versucht, sich beliebt zu machen – es hat nie geklappt. Er bewundert und beneidet die anderen, die so leicht und selbstverständlich in die Gemeinschaft aufgenommen sind. Er versucht noch einige Male, die Kurve zu kriegen und gibt dann enttäuscht, und womöglich verbittert, auf. Der Spott der Leute tut ein Übriges, die Depression lässt grüßen.

So werden verhaltensgestörte Menschen immer gehemmter und unsicherer, sie werden stumm und immer stummer aufgrund ihrer schlechten Erfahrungen. Schließlich kann das Ganze über kurz oder lang in einer psychischen Erkrankung wie der Depression enden.

Unser Partygast macht Versuche, ins Gespräch zu kommen und trifft garantiert den falschen Ton. Er oder sie quält sich durch den Abend und leidet, weil er sich nicht unbefangen und locker geben kann.

Dies ist die gehemmte Form der Verhaltensstörung.

Den Klassenkasper, den kennen alle! Er kommt auch noch im Erwachsenenalter vor und fällt dadurch auf, dass er immer im Mittelpunkt stehen will.

Verhaltensstörungen können ungeahnte Folgen zeitigen: Bis zu kriminellen Handlungen können sie führen. Ganz sicher haben Sie schon in der Zeitung gelesen: Zusammenschluss von Jugendlichen zum Zwecke der Ausführung von Straftaten. Verhaltensgestörte Menschen haben oft ein unterentwickeltes Selbstwertgefühl, sie lassen sich oft problemlos ausnützen, weil sie nicht „Nein" sagen können. Sie tun fast alles, um dabei sein zu können und vielleicht auf diese Weise etwas Zuwendung zu gewinnen.

Wo andere locker, gelöst, offen und freundlich die Situation genießen, steht der Verhaltensgestörte oft Höllenqualen aus. Er kann nicht unbefangen sein, kann nicht entspannt genießen, sondern ist damit beschäftigt, sein Verhalten zu kontrollieren.

Hier greift ein Sprichwort, das Sie bestimmt kennen: Wer nicht genießt, wird ungenießbar!

Neulich las ich: „Jeder seelischen Erkrankung geht eine seelische Verletzung voraus!"

Irgendetwas ist im Leben unseres einsamen, vergrämten Partygastes schief gelaufen; es sind Dinge geschehen, die ihm geschadet haben und die Folgen haben, leider weiß er nicht wo.

Ganz allgemein werden Verhaltensstörungen durch unangebrachtes, nicht situationsgerechtes

Verhalten charakterisiert. Und dies zeitigt die entsprechenden Folgen:

- Verunsicherung

- Angst, verlacht und verspottet zu werden

- Schrumpfendes Selbstwertgefühl

- Zweifel bis hin zur Depression

- Menschenscheu

- Sprachhemmungen

- Außenseiterrolle – unglückliches Dasein

- Rückzug

- Gefahr, ernsthaft an Depressionen zu erkranken

Wenn der verhaltensgestörte Mensch mit seinen Problemen wirklich den Wunsch hat, sich zu ändern, dann kann er mit der Verhaltenstherapie viel erreichen auf seinem Weg in ein „normales" Leben.

Die Verhaltenstherapie arbeitet in der Weise, dass Verhaltensstörungen analysiert und erkannt, herausgefiltert und durch gesunde, wohltuende, aufbauende und adäquate Verhaltensweisen ersetzt werden, die fleißig einzuüben sind.

Warum hat nun der eine Mensch Verhaltensstörungen und der andere hat sie nicht?

Wenn wir das wissen wollen, dann müssen wir im Leben eines Menschen ganz weit zurückgehen, bis zum Zeitpunkt seiner Geburt.

Unsere Festplatte

Warum? Weil wir alle in diesem Moment der Geburt einen Datenspeicher, nennen wir ihn ruhig „Festplatte", eingebaut bekommen haben, der alles aufzeichnet, was von diesem Zeitpunkt an geschieht und nichts, aber auch gar nichts, vergisst. Ich habe den Begriff der Festplatte gewählt, weil heutzutage fast jeder weiß, was eine Festplatte ist und welche Aufgaben sie hat:

Sie sammelt alle Informationen, sie vergisst nichts und speichert alles, was geschieht. Und der Leser, der sich ein wenig mit der Technik auskennt, weiß, wie schwer es ist, Daten auf einer Festplatte endgültig zu löschen. Selbst eine Formatierung kann das nicht!

An das, was geschieht, sind auch Verhaltensmuster gebunden, die ebenfalls aufgezeichnet und gespeichert werden. So können Sie auch verstehen, warum im Leben immer wieder dieselbe Situation auftritt, sich wiederholt und dieselben „Antworten" gegeben werden. Die Festplatte lässt grüßen! Die Einstellungen, Haltungen und Prägungen sind fest „installiert" mitsamt den dazu gehörigen Verhaltensweisen. Diese bleiben bis ans Lebensende und zwingen den Menschen zu bestimmten, weil festgelegten Haltungen und Prägungen.

Lassen Sie mich einmal eine Frage an Sie stellen: Haben Sie schlechte Botschaften auf Ihrer Festplatte?

Wenn diese Prägungen im Datenspeicher gute Botschaften aufweisen, dann können wir ja zufrieden sein. Aber wenn nicht – was dann?

Es gibt gute Nachrichten aus der Verhaltenstherapie! Muss man Verhaltensstörungen als unabwendbares Schicksal bis ans Lebensende ertragen? Nach dem Motto: Einer hat Glück und hatte eine gute Kindheit und Jugend, ein anderer dagegen nicht? Alles ist unabänderlich vorherbestimmt und muss somit ertragen werden? Nein, so ist es nicht, Gott sei Dank!

Es gibt Möglichkeiten, sein Leben zu verändern! Mit den geeigneten Techniken kann jede Festplatte gelöscht und völlig neu beschrieben werden – und zwar dann mit Botschaften, die uns heil, gesund und lebensfroh machen. Ist das nicht eine wunderbare Chance, eine Hoffnung machende Möglichkeit? Es kostet etwas, aber die Mühe lohnt sich, denn als Belohnung winken Befreiung und eine neue Lebensqualität. Ich habe es an mir selbst erlebt und bin noch heute von ganzem Herzen dankbar. Meine zahlreichen Traumata und Negativbotschaften konnten gelöscht und durch gute, positive, freundliche und aufbauende Aufzeichnungen und Botschaften ersetzt werden.

Das Resultat war mehr als bemerkenswert: Ein neuer Mensch kam daraus hervor, eine neue Waltraut, ein komplett erneuerter Mensch. Bei dieser Verhaltenstherapie lernte ich mich zum ersten Mal kennen wie ich in Wirklichkeit war. Ich statuierte, dass ich vor dieser Verhaltenstherapie immer jeweils die Rolle gespielt hatte, von der ich meinte, dass sie von mir erwartet wurde. Übrigens war mir dieses Leben in Fleisch und Blut übergegangen: Ich wusste nicht, dass ich Rollen spielte – das bemerkte ich erst im Nachhinein.

Es ist schön, sich selbst kennen und lieben zu lernen!

Was kostet der Deal?

Diese Veränderungen kosten Sie nur denkbar wenig:

➢ Springen Sie vom Sofa! Nehmen Sie Ihr Leben in die Hand!

➢ Aktivität ist angesagt!

➢ Übernehmen Sie die Verantwortung für Ihr Leben.

➢ Seien Sie nur mit einem guten, erfüllten Leben zufrieden.

➢ Selbstmitleid bringt gar nichts – in die Tonne damit!

➢ Dranbleiben und durchhalten.

➢ Es ist Ihr Leben – machen Sie was daraus!

➢ Ändern Sie Ihre Festplatte, dann ändern Sie Ihr Leben.

➢ Es kostet Fleiß und Mühe, aber das Ergebnis kann wunderbar sein.

Und so ändern Sie Ihre Festplatte!

1. Alle schlechten Botschaften aus Ihrer Kinder- und Jugendzeit aufschreiben, z.B.:

-   Meine Eltern lobten mich nie.

-   Meine Eltern zeigten mir nie, dass sie mich liebten.

-   Mein Vater schlug mich oft.

2. Alle schlechten Botschaften aus dem Erwachsenenleben aufschreiben, z. B.:

-   Mein Lehrherr sagte mir, ich sei ungeschickt und schwer von Begriff.

-   Meine Ex-Freundin nahm mich nie in den Arm und sagte nie, dass sie mich liebt.

Die Botschaften sind im Kindes- und Erwachsenenalter alle gleichbedeutend, sie bestätigen, dass es eine Prägung auf der Festplatte gibt.

Ich kann meine Festplatte durch positive Gedankenkontrolle ändern. Negativen Gedanken gewähre ich ab sofort keinen Zutritt mehr. Nähert sich ein negativer Gedanke, steuere ich sofort gegen, und ersetze ihn durch eine positive Vorstellung.

Die moderne Forschung bestätigt, dass der Mensch nicht gleichzeitig positiv und negativ denken kann. Treffen Sie also die Wahl!

Kommt beispielsweise der Gedanke in Ihnen auf: „Ich bin ein Nichts! Ich kann nichts, ich bin einfach dumm!", dann erlauben Sie keinesfalls, dass sich ein solcher Gedanke bei Ihnen breit macht. Schließen Sie die Gedankentüre für diese schlechten Botschaften, indem Sie beispielsweise sagen:

„Ich weiß, ich entwickle mich zu einem guten Monteur. Mir fehlen noch einige Erfahrungen, die ich sammeln werde. Wenn ich bei einer neuen Aufgabe gründlich nachfrage und mir die Aufgabenstellung verinnerliche, dann kann ich diese Aufgabe gut lösen. Ich habe mir und anderen oft bewiesen, dass ich auch intelligent genug für schwierigere Aufgaben bin."

Gehen Sie nach diesem beispielhaften Muster vor. Am Anfang fällt es schwer. Sie werden aber selbst feststellen, dass es im Laufe der Zeit und Übung immer besser gehen wird. Und bitte: Geben Sie niemals auf!

Sie kennen nun den Vorgang der Gedankenkontrolle und der Gedankenveränderung und wissen, dass neue Denkmuster fest verinnerlicht werden können.

Nehmen wir als Beispiel einmal die Namensänderung, die üblicherweise durch Verehelichung eintritt. Wie lange dauert es, bis der neue Name zum festen Bestandteil der eigenen Persönlichkeit geworden ist? 6 Wochen? 2 Monate? Spätestens dann meldet man sich selbstverständlich mit dem neuen Namen am Telefon, unterschreibt mit dem neuen Namen beim Postboten. Wenn Sie sich in dieser doch vergleichsweise kurzen Zeit den neuen Namen zu eigen machen können, dann können Sie eindeutig auch andere Botschaften auf Ihre Festplatte „einbrennen". Und im Laufe der Zeit haben Sie gute Botschaften im Ohr und in Ihrem Herzen und Ihre Festplatte ist randvoll mit aufbauenden, wohltuenden Botschaften und Prägungen.

Glauben Sie mir: Ich benutze diese Möglichkeit der Gedankenkontrolle und positiven Gedankenverwandlung bei Bedarf auch heute noch. Sie ist eine Hilfe für mein ganzes Leben – und für Ihres!

Soweit dieser etwas größere Exkurs in die Welt der Verhaltenstherapie. Ich weiß nicht, ob Sie meine Begeisterung für diese Art der Hilfe teilen können – ich bin einfach fasziniert von ihr, weil ich weiß, dass sie jährlich Zigtausenden hilft, ihr Leben positiv zu verändern. Falls Sie diese Art der Hilfe ausprobieren wollen – und ich lege es Ihnen dringend ans Herz – dann bitte ich Sie, dass Sie Ihre fertigen

Aufzeichnungen über Verletzungen und Kränkungen mit einem Psychotherapeuten, einem Psychologen, einem Geistlichen oder einem sonstigen, lebenserfahrenen Menschen Ihres Vertrauens besprechen. Ich meine, dass Sie so den besten Nutzen daraus ziehen können. Ich wünsche Ihnen viel Erfolg dabei! Und vergessen Sie nicht:

„Ich ändere meine Gedanken und meine Festplatte und ich ändere dadurch mein Leben!"

Es sind hauptsächlich Frauen

Noch einmal zurück zu den Ankündigungen der WHO:

„… in weiteren zehn Jahren werden Depressionen bei Frauen die verheerendste Krankheit sein."

Es ist diese zweite Nachricht aus dem WHO-Report, die mich mit Entsetzen reagieren ließ. Am härtesten betroffen von der sich aufbäumenden Depressionswelle werden die Frauen sein. Unsere Frauen sind der Mittelpunkt der Familien, und so müssen wir uns dieses drohende Szenario etwas genauer anschauen. Frauen sind es, die ganz selbstverständlich ungezählte Aufgaben übernehmen, sie halten Familien zusammen, pflegen Freundschaften, kümmern sich um alle Familienmitglieder, erledigen die Hausaufgabenbetreuung, stehen für Chauffeurdienste ihren Kindern zur Verfügung, besuchen Elternabende in der Schule, halten alle Kleidung bereit, stellen täglich mehrere Male das Essen auf den Tisch, halten das Haus in Schuss, betreuen Oma und Opa, sie sind und bleiben einfach unentbehrlich. Und so sind die Frauen ganz wichtige Stützen unserer Gesellschaft. Stellen Sie sich die oben beschriebene Situation vor: Ein

Heer von depressiv Erkrankten, womöglich auch noch unerkannt, in unserer Gesellschaft. Eine Katastrophe, wenn sich diese Prognose in diesem Umfang in unserem Land bewahrheitet. Wenn die Frauen, weil unerkannt depressiv, in der Familie mit ihren vielfältigen Aufgaben ausfallen, weil sie nicht mehr in der Lage sind, ihren Teil der Tätigkeiten zu übernehmen. Dazu: Eine depressive Mutter ist mit Sicherheit auch nicht in der Lage, ihre Verantwortung für ihre Kinder zu übernehmen und zu tragen. Man kann ohne jede Übertreibung von drohenden chaotischen Zuständen sprechen, die hereinbrechen, wenn sich diese Prognose erfüllt. Alles ändert sich, alle Familienmitglieder kommen zu kurz: Die Kinder müssen verständnisvoll sein, sie müssen Aufgaben übernehmen, die eigentlich Erwachsene tun sollten. Man könnte sagen, sie müssen sich von Stund an wie kleine Erwachsene benehmen.

Neulich sah ich in einem Fernsehbeitrag eine krebskranke Mama, die erzählte, dass sie sich die Kraft für ihre Krankheit von ihren Kindern holt. Die Kinder waren keineswegs erwachsen, sondern so etwa sechs und zehn Jahre alt. Im Anschluss wurde noch gezeigt, wie die kleine sechsjährige Tochter ihrer Mutter eine Glatze rasierte. Ich weiß nicht, wie Sie darüber denken, mir wurde es jedenfalls wegen der Kinder angst und bange.

Warum? Ich hielt die Kinder für überfordert. Man sollte darauf bedacht sein, den Kindern eine unbeschwerte Kindheit und Jugend zu schenken. Kinder sind bei einem dauerhaft Kranken in der Familie sowieso schon schwer belastet. Als Ausgleich zu ihren Ängsten und den zusätzlichen Aufgaben brauchen sie Auslauf, sie müssen sich austoben können und sollten nicht mir Sorgen, Ängsten und Krankheitsnot belastet werden.

Überhaupt sind die Kinder wegen der Überforderung und der Angst um die Mama auch anfällig für Verhaltensstörungen – und diese können zu Depressionen führen. In der Stresstabelle, die die körperliche und seelische Belastung eines Menschen in belastenden Situationen auf einer Skala von 1 – 100 anzeigt, stehen für Erwachsene 44 Stresspunkte bei der Veränderung des Gesundheitszustandes eines Familienmitgliedes. Leider konnte ich keine Tabelle für Kinder finden, ich schätze die Stresspunktzahl auf etwa 60 bis 70. Das ist eine außerordentlich hohe Belastung.

Und der Papa – wie geht es ihm? Er bekommt zu dem Stress, den er sowieso schon im Beruf hat, noch häuslichen Stress dazu. Er muss sich jetzt zusätzlich um die Kinder, Klavierstunden, Arztbesuche, Fußballtraining, Einkaufen, Waschen, Bügeln, Putzen und vieles mehr kümmern. Nicht zu vergessen die Angst und Sorge um seine kranke Frau.

Unter diesen Umständen, die für einen kurzen Zeitraum durchaus gut zu bewältigen sind, langfristig jedoch eine enorme Belastung darstellen, muss man befürchten, dass der Papa und Ehemann ebenfalls gesundheitlich einer starken Gefährdung unterliegt – schlimmstenfalls in Form eines drohenden Herzinfarktes. Dann wäre die Katastrophe perfekt.

Was bleibt uns zu tun?

Ich lasse es mir nicht nehmen: Der drohenden oder bereits eingetretenen Depression kann entgegnet werden durch eine Reihe von Verhaltensweisen:

➢ Informieren Sie sich und andere! Viele Informationen helfen.

➢ So wird der Informationsschneeball zur Wissenslawine!

➢ Achten Sie aufeinander und machen Sie einander auf Anzeichen einer Depression aufmerksam!

➢ Früh hilft viel! Machen Sie Depressive auf die Notwendigkeit eines möglichst frühen Behandlungsbeginns aufmerksam.

➢ Weitersagen, dass Depressionen tödlich enden können (Robert Enke!).

➢ Weitersagen, dass das Leben durch Behandlung wieder schön wird.

➢ Die Depression nicht nur „punktuell" behandeln – das ganze Leben ansehen, Unordnung im weitesten Sinn beseitigen, damit Ruhe und Frieden einkehren können.

Immer daran denken, dass der Mensch aus Leib, Seele und Geist besteht und es unsere Aufgabe ist, alle drei Ebenen durch Zuwendung „satt" zu machen, dazu die ärztliche Heilkunst – dann kehren – Ruhe, Frieden und Wohlbefinden ein.

In dieser David-gegen-Goliath-Manier können wir den Kampf gegen die Depressionen aufnehmen. Wir können diesen Kampf gewinnen – wobei auch eine deutliche Abschwächung der angekündigten Depression ein Sieg ist.

Auf dem Weg zu einer kranken Nation?

Dass umfassendes Wissen über Depressionen absolut notwendig ist, zeigen auch die folgenden Hinweise:

Nur drei von zehn Menschen in unserem Lande fühlen sich gesund, froh, glücklich und munter, jedenfalls meistens.

Ein Blick auf die Statistik der Kinder- und Jugendpsychiatrie kann auch nicht gerade froh stimmen: Während im Jahr 1992 in Baden-Württemberg noch ca. 1400 Kinder und Jugendliche einer stationären psychiatrischen Behandlung bedurften, waren es im Jahre 2008 schon 4400. Dies ist mehr als eine Verdreifachung. Wie mögen die Zahlen für ganz Deutschland aussehen? Sicherlich besorgniserregend.

Die hauptsächlichen Diagnosen bei den Kindern und Jugendlichen waren Ängste aller Art, die samt und sonders zu Depressionen führen können.

Eine Depressionsursache ersten Ranges stellt die zu beobachtende Vereinsamung der Menschen dar. So ist in Hamburg jeder zweite Haushalt ein Single-Haushalt. Übermäßige Nutzung von Fernseher, Computer und neuen Medien führen zum Rückzug in die eigenen vier Wände und damit zur Vereinsamung.

Zum Schluss die erschreckendste Zahl von allen: Recherchen des FOCUS zeigen, dass 10.000.000 (in Worten: 10 Millionen) Menschen in unserem Land damit Probleme haben, ihren ganz normalen Alltag zu bewältigen. Sie leiden unter Ängsten, Sorgen, Depressionen usw. Mit anderen Worten: Bereits jeder Achte ist gefährdet …

Die Depressionswelle ist angekommen – die WHO lässt grüßen

In diesem Büchlein vermittle ich Ihnen die Informationen, die Sie kennen sollten, um zur bestmöglichen Gesundheit zu gelangen, auch wenn Sie bereits von der Depressionswelle erreicht wurden. Ich meine damit die seelische Befindlichkeit, ich meine damit „Tipps und Tricks", die Ihnen helfen, wieder aus dem „Keller" heraus zu kommen, neuen Mut und frische Kraft zu schöpfen, um dann ein – fast – normales Leben führen zu können.

Aber, und auch das müssen Sie hierfür wissen: Niederlagen sind Krisen, und zu ihnen zähle ich auch Krankheiten, sie gehören zu einem normalen Leben.

Warum? In der chinesischen Sprache gibt es ein Wort für Krise. Interessanterweise ist es das gleiche Wort, das für „Chance" benutzt wird. Krise als Chance. Krisen haben die Aufgabe, uns stärker und reifer und damit lebenstüchtiger zu machen. Keinesfalls wollen sie uns zerstören, wie allzu oft angenommen wird. Sie sind zwar alles andere als heiß geliebt, weil sie oft mit Schmerz, Wachstumsschmerz, verbunden sind. Aber Krisen sind außerordentlich wichtig, um im Leben voranzukommen, zu reifen und stärker zu werden. Nach überstandener Krise fühlen wir uns erstarkt und gut sowie positiv verändert. Das macht die guten Gefühle: Wir sind erfolgreich durch diese Krise gegangen, haben eine Chance genutzt, wir sind nicht ausgewichen und abgetaucht, und genau deswegen gehen wir gestärkt aus ihr hervor. Wir haben erlebt, dass wir es schaffen können, eine Krise zu durchleben, dass sie uns nicht zerbrochen hat, sondern im Gegenteil reifer und stärker hat werden lassen. Und wenn wir einmal eine Attacke erfolgreich hinter uns gebracht haben, dann wissen wir in unserem tiefsten Inneren, dass wir es wieder schaffen können. Wir werden Zeuge von Kräften in uns, die wir vorher nicht kannten, und das gibt uns ein gutes, sicheres und tröstendes Gefühl: Wenn ich die Kraft brauche, dann ist sie auch da, dann kann ich sie auch abrufen.

Wichtig ist die innere Einstellung zu dem Thema Krise und Niederlage: Was sagt die innere Stimme dazu? Sagt sie, wenn es „eng wird": Flucht! Und ich verschwinde so schnell wie möglich und fange irgendwo anders neu an – oder aber sagt sie: „Auch gut – da muss ich jetzt durch, das bringt mich weiter, auch wenn es unangenehm wird. Wichtig ist nur das, was dabei herauskommt und wenn ich durchhalte, dann bin ich anschließend reifer und stärker. Wenn ich abtauche und mich verweigere, dann bleibe ich auf dem alten Niveau und komme keinen Schritt voran."

So ist es nun einmal: Auch die Erfahrung, nicht weiter zu kommen, kann schließlich in Depressionen münden. Somit kann eine Strategie des Ausweichens und Fliehens eine seelische Erkrankung begünstigen.

Ein Beispiel: Die Ehe in heutiger Zeit

Die Ehe steckt in einer Krise? Wie verhält sich der moderne Mensch heutzutage in einer solchen Situation?

Der immer wieder beobachtete Ablauf ist die oft abrupte Trennung und die häufig unverzügliche Hinwendung zu einem neuen Partner, einer neuen Partnerschaft. Man ist erneut schwer verliebt und felsenfest davon überzeugt, diesmal wirklich den richtigen Menschen für die Begleitung bis ans Lebensende gefunden zu haben. Oft ist sogar zu beobachten, dass die neuen Partner sogar äußerlich dem alten Partner ähneln. Neuer Wein in alten Schläuchen, gewissermaßen?

Im Überschwang der Gefühle wird oft völlig vergessen, dass man genau diese Situation schon einmal erlebt hat und sich dabei genauso sicher war: Das hält bis ans Lebensende.

Zwischenzeitlich wurde dieser Zustand erforscht – mit dem Ergebnis, dass diese erste Verliebtheitsphase etwa bis zu zwei Jahre anhält. Eine rosarote Zeit, in der man weder in der Lage noch willens ist, auch nur den kleinsten Fehler am neuen Partner zu entdecken, geschweige denn zu akzeptieren. Alles, aber auch alles ist gut! Doch langsam senkt sich nach etwa zwei Jahren der rosarote Vorhang, die rosarote Brille wird immer öfter abgelegt, und der Alltag mit seinen kleinen Mängeln erscheint auf dem Plan. Wie sieht der neue Alltag dann aus?

Er gleicht dem alten Alltag bis aufs Haar, es geht gar nicht anders, denn die Festplatte ist die gleiche geblieben, man hat sich selbst ja in die neue Partnerschaft mitgebracht. Da steht man nun vor denselben Problemen, und wenn Kinder involviert sind, sogar noch in verschärfter Form. Auch der neue Partner sagt und tut Dinge, die einem Mühe machen, oder manchmal gegen den Strich gehen. Mit welchen Folgen? Die nächste Trennung?

Die bekannte, mit vielen Oscars ausgezeichnete Filmschauspielerin Liz Taylor hat dies vermutlich in diesem Stil betrieben: Sehr anstrengend, sehr teuer, acht Mal zu heiraten und dann nach jeweils kurzer Zeit die Trennung, dann die Scheidung – welch ein unvorstellbarer Stress. Jedenfalls kann man die Aussage treffen: Man kann den Partner noch so oft wechseln, wir werden nicht darum herum kommen, die Sache anders anzupacken. Es wäre ja so schön und einfach, bei Bedarf rasch den Partner zu wechseln und alles ist gut – nach dem Motto: Alles neu macht der Mai! Aber so einfach ist ein erfülltes und gutes Leben nicht gestrickt.

Man kann umziehen so oft man will, bis ans Ende der Welt, in der Hoffnung, dort sein Leben besser in den Griff zu bekommen. Aber immer wieder wird man vor denselben Problemen stehen – denn man hat sich und seine Festplatte ja mitgenommen. Alle Prägungen und Erfahrungen hat man mit eingepackt und wird sie auch im neuen Leben, am neuen Ort, mit neuem Partner, in Form von Verhaltensweisen ausüben. Letztendlich, wenn man nicht zum seelischen Krüppel mutieren will, muss man sich den Tatsachen stellen, die einen umgeben, den Mitmenschen und vor allem seiner eigenen Festplatte in Form von Erfahrungen, Prägungen, Verhaltensweisen und vielleicht auch Ticks. Das macht Mühe, das ist anstrengend, und wenn man ehrlich ist, dann kommt man nicht darum herum zuzugeben, dass es auch mit dem neuen Partner nicht besser geworden ist und man beim bisherigen Partner hätte bleiben können. Allerdings hätte man sich dann mit dem bisherigen Partner gründlich auseinandersetzen müssen: Wie viel Stress, Schmerzen und Tränen hätte man sich dann ersparen können?

Wenn auch noch Kinder als Betroffene in einen solchen schmerzhaften Trennungs- und Umorientierungsprozess einbezogen sind, dann wäre auch ihnen jede Menge Stress und Schmerz erspart worden. In der Kinder- und Jugendpsychiatrie wimmelt es geradezu von jungen Leuten und Kindern, die das alles miterleben mussten und als Folge nun „Behandlungsfälle" geworden sind — weil sie eben nicht mit der Trennung und den daraus resultierenden Schmerzen fertiggeworden sind.

Wie viele irritierte, unsichere und traurige kleine Leute habe ich in den vielen Jahren meines Berufes erlebt — es tut einem in der Seele weh. Ich weiß, dass dies eine gewagte These ist, ich empfinde sie aber als folgerichtig und wahr und vertrete sie, so oft ich kann: Bleibt zusammen, setzt euch auseinander, holt notfalls Hilfe, löst die anstehenden Konflikte, vermeidet ein Desaster mit vielen kranken „Opfern". Bitte glauben Sie mir, ich spreche aus Erfahrung.

Dieses Beispiel zeigt exemplarisch, wie es läuft mit der Festplatte, die immer dabei ist, sich ständig meldet, ständig Einfluss nimmt. Sie funktioniert in allen Bereichen gleich. Sie zwingt uns zu bestimmten, gewissermaßen programmierten Verhaltensmustern. Und so verrennen wir uns in eine Lebensweise, die in Einsamkeit, Rückzug und womöglich Depression führt.

Gibt es ein Entkommen?

Muss man dies alles, was bisher geschildert wurde, als unabänderliches Schicksal ertragen? Der Eine hatte halt Glück, hatte eine glückliche und gute Kindheit und Jugend, positive Erfahrungen in der Schule, und ein anderer eben nicht? Alles ist vorherbestimmt und wir können unserem Schicksal nicht entrinnen, müssen es ertragen mit Scheitern in der Ehe, im Beruf, im ganzen Leben?

Nein, so ist es nicht, Gott sei Dank! Es gibt Möglichkeiten, sein Leben zu verändern, es zum Guten zu wenden. Wie wir inzwischen wissen, kann man eine Festplatte löschen und neu überschreiben, überschreiben mit Botschaften und Erfahrungen, die uns heil und gesund machen. Ist dies nicht eine wunderbare Chance? Es kostet allerdings etwas Engagement, Mühe und Arbeit, aber es lohnt sich unbedingt. Ein gesundes, erfülltes Leben kann die Frucht hiervon sein. Ich selbst habe es an eigenem Leib (und Seele!) erlebt und bin sehr dankbar für die positive Wendung, die mein Leben genommen hat.

Ursachen von Verhaltensstörungen

Ich will mit einem kleinen Beispiel aus meinen persönlichen Erfahrungen beginnen, die Namen habe ich allerdings geändert:

Familie Lehmann aus Stuttgart hat ein Baby bekommen, ein Junge, sie haben ihn Lukas getauft. Er ist der ganze Stolz der jungen Eltern. Und so wie es halt immer wieder vorkommt, sitzt Lukas eines Tages in seinem Bettchen und weint. Was geschieht? Die stolze Mutter Bettina lässt sofort den Abwasch stehen und eilt ins Kinderzimmer um nachzuschauen, was ihrem kleinen Prinzen fehlt. Hat er Hunger? Hat er Durst? Braucht er dringend eine frische Windel oder fühlt er sich nur momentan alleingelassen und sehnt sich nach Liebe und Geborgenheit, nach einem kleinen Spaziergang in den Armen der Mutter? Für ihn ist im Moment nur eines wirklich wichtig: Er selbst und mit ihm seine Bedürfnisse werden ernst genommen und liebevoll wird der Grund seines Unwohlseins behoben.

Was geschieht im kleinen Lukas, speziell auf seiner Festplatte? Wir wissen ja – alles wird aufgezeichnet. So auch jetzt: Mir geht es gut, Mama liebt mich und sorgt liebevoll für mich, sie lacht mich an, ist fröhlich und noch einmal: Mir geht es gut. Alles das landet immer und immer wieder in seinen Datenspeichern, auf seiner Festplatte. So wächst Lukas zu einem an Leib und Seele „satten" Kind heran, er freut sich am Leben, erwartet das Beste für sich und – bekommt es zumeist auch. Sollte er einmal zwischendurch eine Enttäuschung erleben müssen, dann kann er das ohne Blessuren mit der Einstellung wegstecken: Ganz sicher ist es gleich vorbei, Mama kommt bestimmt sofort wieder – so ist ja die bisherige Erfahrung. So wächst er heran, und erfährt immer wieder, dass das Leben eine schöne und überwiegend angenehme Angelegenheit ist. Eine glückliche und zufriedene Grundeinstellung wächst in dem Jungen heran, und er entwickelt seine Anlagen positiv, auch weil niemand versucht, ihn zu verbiegen. Und das strahlt er dann auch aus. Er zieht Menschen mit ähnlicher Erfahrungswelt und Haltung an und entwickelt so einen positiven Freundeskreis ohne verhaltensgestörte Mitglieder. Sie haben alle die Erfahrung gemacht, wie zufrieden es macht, wenn die eigenen Bedürfnisse ernst genommen werden und wenn Leib, Seele und Geist sich entwickeln dürfen.

Aber: So gut haben es nicht alle Kinder. Wie es im Alltag in vielen Familien aussieht, zeigt das nun folgende Beispiel, das ein weitverbreitetes Kontrastprogramm darstellt:

Auch Familie Graf hat Nachwuchs bekommen. Auch hier freut man sich über das neue Familienmitglied, das die Eltern Anna getauft haben.

Es geschieht das gleiche wie im obigen Beispiel anhand von Lukas geschildert. Anna liegt in ihrem Bettchen und weint herzzerreißend. Doch es geschieht nichts. Anna ist schon tränenüberströmt, ihr Weinen wird nach einiger Zeit zum Wimmern, aber nichts und niemand rührt sich. Entweder ist die Mutter zu faul, zu bequem, uninteressiert, abgelenkt oder sie haben sich den weit verbreiteten Unsinn einreden lassen, dass man ein Kind ruhig schreien lassen sollte. Es wird dabei zum Beispiel argumentiert, man dürfe nicht zulassen, dass ein Kind seinen Willen durchsetzt, und außerdem kräftigt das Schreien die Lunge – das weiß doch jeder! Glauben Sie mir – so etwas hört man auch heute noch gelegentlich – im Jahr 2012.

Irgendwann hört Anna auf zu schreien. Nicht, weil es ihr gut geht, nein, sondern weil sie völlig erschöpft ist und weil sie in ihrem zarten Alter von 2 Monaten resigniert: „Keiner kommt und schaut nach mir, ich bin nicht wichtig". Und im Gedächtnisspeicher, der „Festplatte", wird vermerkt: „Keiner ist an meinem Befinden interessiert, meine

Bedürfnisse, mein Hunger, mein Schmerz kümmern niemand, ich bin hier nicht willkommen, sondern ich bin lästig".

So lernt das kleine Mädchen aufgrund seiner ersten Erfahrungen in seinem Leben, dass das Leben alles andere als lustig ist, dass man sich möglichst ruhig verhalten muss, das man lieb und still zu sein hat, und dass die Bedürfnisse der anderen sowieso wichtiger sind als die eigenen. Diese Botschaften, mit denen Anna fortan leben muss, stehen im krassen Gegensatz zu den positiven, liebevollen Erfahrungen von Lukas ...

Und das ist der Grundstein für einen wahrscheinlich völlig unterschiedlichen Lebensverlauf der beiden Kinder: Anna wird wahrscheinlich Menschen anziehen, die in irgendeiner Form Hilfe brauchen, von denen sie sich aus- und benutzen lässt. Anna macht alles mit, bis zur Selbstaufgabe, bis zum Zusammenbruch. Eigene Bedürfnisse und Wünsche werden vernachlässigt, das Gefühl von Herz und Seele her „satt" zu sein, stellt sich nur selten oder eines Tages gar nicht mehr ein. Sie tut alles – die Hauptsache ist, sie wird gebraucht, Hauptsache, sie ist für jemanden wichtig. Diese Prägungen vertiefen sich im Laufe der Zeit, sie geht mit ihnen ins Leben hinaus, macht immer weiter so – sie kennt ja nichts anderes – und kann nie wirkliches

Glück empfinden. Und die Gefahr einer vielleicht schweren Depression lauert jeden Tag.

Anna hat Verhaltensstörungen und braucht dringend Hilfe von außen, nämlich eine Verhaltenstherapie; ohne sie kann sie diese Art von Leben nicht lange durchhalten. Sie muss einsehen, dass sie heil und gesund sein muss, wenn sie einen ebensolchen, nicht verhaltensgestörten Mann zur Gründung einer Partnerschaft und Familie anziehen will.

Partnerwahl geschieht unbewusst und vollzieht sich wie ein Blick in einen imaginären Spiegel: Der potentielle Partner steht etwa auf demselben Level wie man selber. Sie muss eine Änderung bei sich herbeiführen, damit sie den Wunschmann anziehen kann. Also einen Mann, der sie nicht deswegen sucht, weil er ihre Hilfe braucht. Einen Mann, der einfach nur eine gute Familie will. Ein gesunder Mann wird es sich in aller Regel nicht antun, eine seelisch kranke Frau an sich zu binden. Und genauso wird eine gesunde Frau normalerweise keinen seelisch kranken Mann aussuchen, das wird auch sie sich nicht antun.

Allerdings ergibt sich eine andere Lage, wenn einer der Partner erst im Laufe der Ehe seelisch erkrankt. In diesem Fall gilt natürlich unser Eheversprechen, treu in guten wie in schlechten Tage zusammen zu bleiben und füreinander einzustehen.

Haben Sie die Situation bei Anna und ihrem persönlichen Umfeld, ihren Mitmenschen, erkannt? Sie ist seelisch krank, weil in ihrer Kindheit ihre Bedürfnisse weder gesehen geschweige denn befriedigt wurden, und weil sie viel zu wenig Liebe und Zuwendung empfangen hatte. So ist sie ständig getrieben von der Suche nach Liebe, nach geliebt werden, nach Fürsorge, die sie im ganzen bisherigen Leben vermissen musste. Ihre Bekanntschaften und die geschlossenen Freundschaften suchen meist auch nach einem Menschen, der ihre eigene Not und Defizite befriedigt, also gestörte, ja kaputte Menschen, die ihr Leben allein nicht erfüllt leben können.

Wenn Anna nun einen gesunden Mann wünscht, dann ist es notwendig, selbst als seelisch gesunde Frau im Leben zu stehen. Da hat sie noch einen Weg vor sich – aber es ist möglich, sie kann das mit viel gutem Willen und Einsatz schaffen – vorausgesetzt, sie kommt in die Hände eines guten und erfahrenen Therapeuten, der mit ihr durch eine Verhaltenstherapie geht. Nur so ändert sich der Festplattenspeicher, und mit ihm Einstellungen, Empfindungen, Haltungen und auch die Ziele.

Das Glück kommt also auf gar keinen Fall mit dem Prinzen auf dem schönen, weißen Ross wie im Märchen vom Aschenputtel, sondern dadurch, dass ich aktiv gesund werde und dann einen ebenso gesunden Partner anziehe.

Ein neuer Anfang – ein neuer Weg

Es liegt ausschließlich an Ihnen selbst, wie es weiter geht – also muss es heißen: Runter vom Sofa, auf die Füße und Aktivität zeigen!

Bitte stellen Sie sich nicht in den Chor der mitleidheischenden Menschen, die sich ständig auf ihre schlechte Kindheit berufen in Ermangelung der Bereitschaft, aktiv zu werden und endlich Verantwortung für das eigene Leben zu ergreifen. Jeder Verbrecher vor Gericht hat diesen Trick auf Lager, um ein milderes Urteil zu erlangen. Es mag ja stimmen, was er sagt, aber es ist auch ein großes Versagen, weil er nichts gegen seine schlechte Situation unternommen hat. Wir müssen zugestehen, dass seine Eltern wohl alles getan haben, was ihnen möglich war, auch wenn es zu wenig war. Auch seine Eltern haben ihre Geschichte, ihre Traumata, Erfahrungen, die vielleicht ihre Fähigkeit stark einschränkten, nicht nur ausreichend, sondern gut für ihr Kind zu sorgen. Also: Jammern Sie nicht, werden Sie aktiv – diese Einstellung bringt Sie garantiert weiter als jede Jammerei. Es liegt in Ihren Händen, wie Ihr Leben weitergeht.

Was nun – ein Rückfall!

Was ist, wenn ich wieder schlechte, destruktive Gedanken zugelassen habe? Was tun, wenn Selbstmitleid und Resignation in meine Tage sickert?

Es ist ganz einfach: Stehen Sie wieder auf, rücken Sie ihre Krone zurecht und gehen Sie weiter! Das mit der Krone hat mir neulich jemand erzählt, der mir seine Strategie bei Stimmungsverschlechterungen schilderte. Und das gefällt mir so gut, weil es tatsächlich stimmt und weil es auch die eigene Wertschätzung gegenüber der eigenen Person bildhaft schildert. Ich bin ein Königskind! Und so darf ich mich fühlen. Geht es Ihnen einmal schlecht, dann rufen Sie doch einfach das Bild von Ihnen mit einer kleinen Krone auf dem Kopf ins Gedächtnis – wetten, dass Sie anfangen zu lächeln?

Eckpfeiler im guten, neuen Leben

Auf dem Weg zu einem guten, neuen Leben habe ich zwei Eckpfeiler entdeckt, die meiner Meinung nach auch die Depression günstig beeinflussen: Vergebung und der Glaube.

Zu einem guten Leben gehört Vergebung! Warum?

Weil wir erst dann, wenn wir wirklich vergeben haben, frei sind von Vorwürfen und den oft damit verbundenen zerstörerischen Gefühlen wie Neid, Hass, Wut, Bitterkeit, und Unversöhnlichkeit. Ziemlich lange Zeit konnte ich mich nicht zu dem Schritt der Vergebung gegenüber einem Menschen, der mich verletzt hatte, entschließen. Es waren einfach viel zu schlimme Dinge geschehen, ich war nicht bereit dazu. Eines Tages entschied ich mich, eine kleinere Sache zu vergeben. Als ich danach erstmals dieses wunderbare Gefühl der Befreiung, der Erleichterung, ja, der Freude und der Fröhlichkeit erlebte, wurde bei mir der Wunsch geboren, kleine Dinge bis hin zu großen, schweren Verletzungen zu vergeben und so schwere, bittere alte Lasten abzuwerfen und gegen gute, positive Empfindungen einzutauschen. Welch einen Riesenballast durfte ich dadurch abwerfen! Aber ich will es nicht verhehlen: so richtig leicht fällt es mir auch heute, trotz der wunderbaren Erfahrungen, nicht, das Vergeben – aber ich tue es aktiv und gewollt, zunächst einmal aus reinem Egoismus, um dieses wunderbare Gefühl der Erleichterung zu erlangen, das mit aktiver Vergebung verbunden ist. Wie viel besser geht es mir, wenn ich vergeben habe! Ich fühle mich leichter, freier und irgendwie erlöst, wie neu geboren. Allerdings, dies will ich nicht verheimlichen, kann dieser Prozess des Vergebens auch mit Schmerzen verbunden sein, denn er führt dazu, dass man gewissermaßen die Verletzung, die man erlitten hatte, erneut durchlebt.

Meine ersten positiven Erfahrungen mit dem Prozess des Vergebens führten zu der Einsicht, dass ich alles, aber auch alles vergeben musste, wenn ich eine vollständige Befreiung von erlittenen Verletzungen durch andere genießen wollte. Das Haus muss ganz und vollständig sauber sein, nicht nur der Flur und ein, zwei Zimmer und in den restlichen Räumen lauern Bitterkeit und andere, ungute Gefühle. Je mehr ich vergebe, desto besser geht es mir und auch der Beziehung zu der an der Verletzung beteiligten Person, und letztlich auch der Person selbst.

Wissen Sie, was noch besonders wichtig ist? Dass Sie lernen, auch sich selbst zu vergeben. Ich habe eingesehen, dass auch ich nicht alles richtig gemacht habe, dass auch ich andere Menschen enttäuscht, gekränkt, verletzt habe. Und von dieser schuldhaften Last können Sie sich befreien, wenn Sie sich diese Schuld eingestehen und sich hierfür selbst Vergebung zusprechen.

Die ersten Menschen, denen man vergeben sollte, sind meiner Meinung in den meisten Fällen die eigenen Eltern. Sie bilden einen guten Einstieg in die Vergebung. Und ist es nicht so: Hat nicht jeder seinen Eltern gegenüber irgendeine Sache offen? Gibt es nicht irgendwo in der Vergangenheit, der eigenen Kindheit oder Jugend, einen Punkt, wo sich Ihr Vater oder Ihre Mutter Ihnen gegenüber schuldig gemacht hat? Vielleicht wurden Sie gar geschlagen? Tragen Sie nicht länger diesen schädlichen Hass und Groll mit sich herum. Sie schaden sich selber damit am meisten! Vergeben Sie Ihrer Mutter, vergeben Sie Ihrem Vater, vergeben Sie Ihren Eltern! Und zwar unabhängig davon, was immer geschehen sein mag, vergeben Sie! Hat man Sie vielleicht als Kind geschlagen, misshandelt, missbraucht? Vergeben Sie! Hören Sie auf, diesen teilweise uralten Groll und Hass, dieses schmerzhafte Nachtragen, mit sich herumzutragen. Vergeben Sie. Dann endlich können Frieden und Ruhe in Ihr Leben einziehen, können Magenschmerzen, Nervosität und Schlafstörungen vergehen, und es geht Ihnen wieder besser. Sie erleben, wie Groll, Hass und Bitterkeit aus Ihrem Leben verschwinden. Von nun an können Ihnen diese Gefühle nie mehr schaden.

Also – sorgen Sie gut für sich, und vergeben Sie gut für sich, indem Sie alles vergeben, was es irgend zu vergeben gibt.-

Sie haben nur die Macht über Ihre eigenen Gedanken und Taten, über niemand sonst. Sie können nur sich selber ändern und haben die alleinige Verantwortung für sich selbst, und niemand sonst! Verspüren Sie die Wohltat, wenn der ganze Ballast, den der Zustand der „Unvergebenheit", so lassen Sie mich ihn nennen, mit sich bringt, von Ihnen vollständig abfällt, wenn Ihr „Lebensrucksack" mit einem Mal leicht wird und Sie froh und unbelastet Ihren Lebensweg weiter ziehen können.

Ich verstehe gut, wenn Sie mit der Vergebung zunächst einmal etwas zögern – mir ging es genauso. Ich hatte da so einen hochdramatischen Akt vor Augen, mit Kniefall und vielen Tränen …

Und dann ging alles doch ganz einfach und schlicht vonstatten.

Sie können Ihr Vergebungsritual gestalten, wie Sie es wollen. Hier schildere ich Ihnen meines – ich hatte damals auch ein Beispiel vor Augen und war sehr froh darüber. Im Laufe der Zeit entwickelt wohl jeder sein eigenes Ritual, wichtig dabei und absolut im Mittelpunkt ist die eigene Aufrichtigkeit und der ehrliche, uneingeschränkte Wunsch, zu vergeben:

Denken Sie zunächst an die Person, gegen die Sie einen Groll hegen, mit der Sie in einem Konflikt stehen.

Üben Sie Gedankenkontrolle aus. Dulden Sie keinerlei Gedanken der Rache, der Wut, der Vergeltung und auch des Selbstmitleids.

Formulieren Sie entweder laut oder auch nur in Gedanken den Satz „Ich vergebe Dir".

Anfangs werden zunächst die negativen Gedanken über den verletzenden Vorfall zurückkommen wollen. Bleiben Sie bei dem Postulat „Ich vergebe Dir".

Wichtig ist für Sie in diesem Zusammenhang die Erkenntnis der Verhaltensforschung, dass Sie nicht zweierlei, einander gar widersprechende Gedanken denken können. Dies ist schlicht unmöglich. Daher: Geben Sie immer dem positiven, vergebenden Gedanken den Vortritt. Bedenken Sie bitte auch, dass dieser Vorgang des aktiven Vergebens eine gewisse Zeit braucht, bis die erwünschte Wirkung eintritt. Zunächst ist die Vergebung ein mehr mechanischer Vorgang ohne allzu große emotionale Beteiligung. Dies ändert sich aber – der Gedanke wird verinnerlicht und löst die erwünschte Wirkung der Befreiung aus. Fahren Sie deshalb immer in der oben beschriebenen Weise der steten Erneuerung Ihres Vergebungsvorhabens fort, bis Sie ohne jede Aufregung, Groll, Zorn und Bitterkeit an den verletzenden Vorfall denken können: Dann haben Sie die Vergebung erreicht, haben Vergebung erteilt und die guten, positiven Gefühle werden sich immer mehr verstärken.

Sehr wichtig in diesem Zusammenhang ist ein weiterer Punkt: Vergeben Sie auch sich selbst! Dies gehört unbedingt dazu, wird aber gerne vergessen. Ich schließe da meine seit vielen Jahren nicht mehr vorhandenen Depressionen ein, die in einem ruhigen, geordneten Leben längst nicht mehr die vielen Chancen zum Ausbruch haben. Wenn Sie sich nicht Ihre eigenen Fehler vergeben, keimt in Ihnen ein weiterer Same der Depression.

Diese elementaren Erkenntnisse zu dem Wunder der Vergebung habe ich übrigens von sehr lieben Menschen der IVCG (Internationale Vereinigung Christlicher Geschäftsleute) gelernt. In ihr treffen sich Menschen aus den verschiedensten Bereichen unserer Gesellschaft, insbesondere Menschen, die in Führungspositionen tätig sind und in Gesellschaft, Unternehmen oder Kirchen Verantwortung tragen. Ursprünglich hätte ich mir als Lehrerin niemals vorstellen können, Interesse an dieser Organisation zu gewinnen. Heute bin ich sehr froh, dass mir die IVCG „passiert" ist. Nie, gar nie, hätte ich es für möglich gehalten, dass ich mit Dingen wie dem christlichen Glauben, der Bibel, dem Gebet etwas zu tun haben wollte. Alles, was nur in die Nähe dieser Glaubensdinge kam, wurde von mir abgelehnt und fiel bei mir durch das Raster: Kein Interesse – glaube ich nicht – will ich nicht! Hielt ich mich doch für viel zu aufgeklärt, um ernsthaft diesen Fragen nachzuspüren.

Nachdem ich aber heute nun schon seit über zwanzig Jahren fest im Glauben lebe, ist dieser ein fester Bestandteil meines Lebens geworden, für den ich mehr als dankbar bin und den ich als Teil meiner selbst nicht unterschlagen will – es wäre schlicht nicht korrekt, weil der einen großen Teil meines Wohlbefindens ausmacht und meinen Lebensweg entscheidend mitbestimmt hat.

Der Glaube schenkt mir Ruhe, inneren Frieden, Kraft, Sicherheit und Geborgenheit – er ist das feste Fundament, auf dem ich sicher stehen kann. Nie hätte ich mir vorstellen können, diesen Weg einzuschlagen. Hatte ich doch ein verzerrtes Bild – vor meinem geistigen Auge hatte ich stets nur missmutige Frömmler im Blick, und diese irrige Vorstellung sorgte für Abstand – denn so wie sie wollte ich auf gar keinen Fall werden.

Ganz anders ging es bei der erwähnten IVCG zu – dort fühlte ich mich sofort wohl, dort wurde ich nicht mit Bibelsprüchen erschlagen, sondern behutsam und gut verständlich an diese Lebenshilfe, die der christliche Glaube für mich darstellt, herangeführt.

Heute kann ich es ruhig gestehen, dass ich da etwas abgelehnt und sogar verurteilt hatte, von dem ich keinerlei Ahnung geschweige denn konkrete Erkenntnis hatte. Bis zu diesem Zeitpunkt hatte bei mir ein Kommunikationsproblem bestanden – ich konnte (und wollte) das, was gläubige Menschen kommunizierten, nicht verstehen, und so war ich jahrzehntelang wenig fundierten Vorurteilen aufgesessen. Menschen, und zwar Mitglieder und auch Gäste, waren es, die mir die Augen öffneten, die mir das Thema Glauben erschlossen und so den Weg bereiteten für die vielen Lebenshilfen, die der Glaube bietet. Frei Haus erhielt ich von nun an Lebens- und Überlebenshilfe pur, völlig umsonst, aber hochwirksam. Welch ein spannendes Thema, welch eine Möglichkeit, immer wieder und immer mehr dazuzulernen. Selbstverständlich gibt es neben der erwähnten IVCG noch viele, viele andere Möglichkeiten, in das Thema Glauben hineinzuschnuppern.

Selbstverständlich kann man sich allein mit einer Bibel hinsetzen und versuchen zu verstehen, was sie mir sagen will. Ich hatte diesen Weg probiert - allerdings mit nur sehr geringem Erfolg. Viel effektiver und schöner war es für mich, in der Runde eines Hauskreises zu sitzen und gemeinsam über Geschehnisse und Personen der Bibel nachzudenken und zu diskutieren. Seither geht es mir gut und immer besser, und ich natürlich froh und dankbar dafür.

Ganz wichtig erscheint mir ein Punkt dabei, der die Grundvoraussetzung für den Zugang zum Glauben ist. Glaube muss man probieren, man muss sich zunächst auf ihn einlassen, wenn man ihn verstehen will. Es ist ähnlich wie bei einer Liebesbeziehung, die man eingeht. Man gibt zunächst einen Vertrauensvorschuss und schaut dann, wie sich die Sache entwickelt.

Aus meiner Erfahrung heraus kann ich Ihnen zu diesem Schritt, zu diesem Weg, nur raten. An dieser Stelle das gesamte Procedere, den gesamten Weg in allen Details aufzuzeigen, würde den Rahmen dieses Buches sprengen.

Gerne verweise ich deshalb auf ein kleines Buch, das ich genau zu diesem Zweck vor einiger Zeit verfasst habe, und in dem alles über dieses Thema steht:

„Das Geheimnis des Glaubens – Lebenshilfe pur", Autorin Waltraut Weinert, ISBN 9783842357327.

Übrigens stieß ich neulich beim Recherchieren im Internet auf diesen interessanten Satz:

„Gläubige Menschen sind ganz selten depressiv".

Der Glaube ist neben allem anderen einfach ein Schutzmantel, der Depressionen und andere seelische Krankheiten von einem Menschen fernhalten kann. Womit wir wieder beim Thema sind ...

Eine außerordentlich wichtige Beobachtung machte übrigens Dr. Alexis Carell, ein Arzt und Nobelpreisträger, die in *Das Beste aus Readers Digest* geschildert wird:

„Das Gebet ist die stärkste Form der Energie. Als Arzt habe ich erlebt, dass Patienten durch die ruhige Kraft des Gebetes von Krankheiten und Melancholie geheilt wurden, wenn kein anderes Mittel mehr half. Schon durch das Bitten allein werden unsere menschlichen Schwächen von uns genommen und wir erheben uns gestärkt und getröstet. Immer, wenn wir uns Gott in innigem Gebet nä-

hern, verändern sich Seele und Körper zu ihrem Vorteil. Es ist unmöglich, dass irgendein Mann oder irgendeine Frau auch nur eine Sekunde beten, ohne ein Wirkung zu verspüren."

Das Geheimnis des Erfolges

Das Geheimnis des Erfolges ist ... AKTIVITÄT.

Nach dem Durchlaufen aller obigen Schritte kann ich mit Fug und Recht sagen, dass ich ein neuer Mensch geworden war. Die Mühen hatten sich gelohnt! Und was ich kann, das können Sie mit Sicherheit genauso gut – bitte geben Sie niemals vor dem Erreichen des Zieles auf. Wie Ihre individuelle Lebensgeschichte auch sein mag, es gibt einen guten und sicheren Weg – garantiert. Schon der Weg hin zu diesem Ziel der seelischen Gesundung ist spannend und interessant, er inspiriert und eröffnet völlig neue Perspektiven. Wie oft habe ich seit meiner Gesundung den Ausspruch gehört: „Hast Du Dich aber verändert!" Oft habe ich das mit innerer Freude erfüllt gehört. Aber ich habe es auch schon manchmal erlebt, dass es mit säuerlicher Miene ausgesprochen wurde. Denn natürlich ist es unbequem und auch manchmal verwirrend, wenn ein Mensch plötzlich andere Verhaltensweisen als gewohnt an den Tag legt. Was macht man mit einem Menschen, der plötzlich „Nein" anstelle des gewohnten und erwarteten „Ja" sagt? War er doch vielleicht gestern noch wachsweich und wunderbar zu beeinflussen, ja zu manipulieren. Da gab es den einen oder anderen Menschen in meinem Leben, der mit meiner Veränderung, ja Verwandlung alles andere als einverstanden war. Es wurde heftig reklamiert und beanstandet, aber meine Veränderung wollte ich nicht mehr rückgängig machen. Ich verfolgte beharrlich mein Ziel, und das hieß „Ein gutes Leben leben". Davon ließ ich mich fortan durch nichts und niemanden abbringen. Inzwischen hatte ich nämlich verstanden, dass auch ich Bedürfnisse haben darf und dass ich, solange ich damit niemandem schaden, auch leben darf, wie ich will. Dass man immer wieder in einer Ehe Kompromisse schließen muss, das stelle ich selbstverständlich damit keinesfalls in Frage. Ich ging diesen Weg, auf dem ich mich wohlfühlte, weiter. Ich benutzte ihn als Gradmesser, traf meine eigenen Entscheidungen und tat nichts mehr, was ich nicht tun wollte. Fühle ich mich wohl oder nicht? Ist das, was geschieht in meinem Leben, das Richtige für mich? In dieser Art lebte ich weiter und nahm mich erstmals in meinem Leben wichtig. Aber auch das musste ich erst langsam lernen, weil ich das ja aus meinem bisherigen Leben gar nicht kannte. Ich habe die Erfahrung gemacht, dass ein Mensch durchaus spürt, wenn er „richtig", also für sich selber richtig, lebt. Und woran spürt er das?

Er spürt es an seinem Wohlbefinden, er ist nicht mehr unsicher, unzufrieden, voller Zweifel – sondern er ist „heimgekommen" und beginnt gewissermaßen, in sich selbst zu ruhen.

Auf dem Weg in ein gutes Leben geht es weiter damit, dass Sie für sich selbst berücksichtigen, dass der Mensch nicht als Einzelgänger geschaffen wurde – und so ist es wichtig, dass Sie ein möglichst großes soziales Netz für sich bauen sollten. Der Depressive neigt dazu, sich zurückzuziehen und so zu vereinsamen. Das tut keinem Menschen gut! Ein Mensch ist ein soziales Wesen, lassen Sie mich ruhig sagen, ein Herdentier, wir sind nicht als eigenbrötlerische Einzelgänger vorgesehen!

Und so ist es wichtig, dass Sie damit anfangen, ein größtmögliches soziales Netz aufzubauen – und zwar, das ist ganz wichtig, indem Sie möglichst die unterschiedlichsten Altersklassen darin einschließen, damit Sie die unterschiedlichsten Ansprechpartner in den unterschiedlichsten Altersgruppen haben. Jetzt werden Sie mit Recht die Frage stellen, wie man sich am besten solch ein großes soziales Netz, Ihr persönliches Beziehungsflechtwerk, schafft. Besonders gut geht dies durch aktive Mitgliedschaften in einem oder mehreren der vielen in Deutschland vertretenen Vereine, vom Sportverein über – bitte lächeln Sie nicht – den Gesangsverein bis zum Verein, der vielleicht genau Ihr Steckenpferd pflegt. Es gibt Gruppen, die sich zum gemeinsamen Waldspaziergang treffen, es werden Kaffeefahrten (natürlich ohne die oft obligatorische Heizdecke für Oma) veranstaltet, es gibt Elternabende in Schule und Kindergarten, Kochschulen, Tanzstunde, berufsständische Alterstreffen, Ruhestandsbeamte, Schwarzwald- oder Alpenverein, und Hunderte von Interessensgruppen der unterschiedlichsten Prägung. Sie sehen, wenn man die Augen aufhält, wird man hunderte von unterschiedlichen Möglichkeiten, Anschluss zu finden, entdecken. Wichtig ist einfach, aktiv zu werden und die innere Bereitschaft und Offenheit zu entwickeln. Natürlich kann es sein, dass das Sprichwort „Aller Anfang ist schwer" beim einen oder anderen greift – aber es lohnt sich, und wir wissen: Nichts ändert sich, außer wir ändern uns! Und außerdem wissen wir ja längst: Auf das Ziel schauen, nicht auf die Anfangsprobleme, die es eventuell gibt. Und haben Sie keine Angst vor Zurückweisung. Wenn Sie einmal auf Widerstand und persönliche Ablehnung stoßen sollten, dann denken Sie für sich einfach: „Hast Du ein Pech, dass Du mich nicht kennenlernen willst!" – und wenden Sie sich dem daneben stehenden Nachbarn zu, der Sie so neugierig anschaut. Auch das gehört übrigens dazu: Lernen und akzeptieren, dass jeder, auch ich selbst, das Recht habe, über einen Kontakt zu entscheiden.

Auch in diesem Bereich gilt wiederum, dass es darum geht, weiterzumachen und dabei zu lernen, auch Absagen zu verkraften. Das mag im einen oder anderen Fall anfangs auch einmal wehtun, ist aber kein Grund, die Bemühungen einzustellen. Hüten Sie sich davor, sich in Ihr abgelegtes Schneckenhaus zurückzuziehen! Sie sind es doch, der vorankommen will und neue, andere, inspirierende Dinge erleben will. Sie persönlich haben sich vorgenommen, vorwärts zu gehen. Sie sind auf der Suche nach den Dingen des Lebens, die schön und gut für Sie sind, bei denen Sie sich wohlfühlen und sich freuen können. Das kann natürlich Mühe und Überwindung kosten, aber die wohltuenden Früchte dieses neuen Verhaltens lohnen manche Mühe, ja, auch manchen vielleicht einmal eintretenden Rückschlag. Sollte es Ihnen wirklich außerordentlich schwer fallen, auf andere zuzugehen, dann hilft Ihnen vielleicht diese Übung: Stellen Sie sich einfach einmal vor, was schlimmstenfalls geschehen könnte und akzeptieren Sie diesen Fall. Es ist sehr wahrscheinlich, dass es höchstens halb so schlimm kommt, aber Sie haben auf diese Weise wieder einen Schritt nach vorne gemacht.

Denken Sie stets daran: Wenn ich das tue, was mir irgendwie Angst bereitet, dann geht die Angst weg. Das ist fast ein Naturgesetz. Die Angst zeigt Ihnen sogar, wo es weiter geht und eines haben Sie ja erst kürzlich gelernt: Wie Sie jemandem vergeben können, der Sie nicht ganz so feinfühlig behandelt, wie Sie es gerne hätten ...

Diese Beziehungen, dieses soziale Netz, das müssen Sie unbedingt aufbauen, solange Sie in einer guten Phase Ihrer Depressionen stecken, damit Sie dieses Netz liebevoll auffangen kann, wenn Sie es brauchen, wenn eine Depression also einmal etwas ernsthafter zuschlagen sollte. So sind Sie im Bedarfsfalle auch für die anderen in Ihrem sozialen Netz verfügbar und sind bereit, dass sich auch andere geborgen und verständnisvoll begleitet fühlen dürfen. Als Ergebnis stellt sich eine Situation ein, in der es dann so viele Menschen gibt, die Sie auffangen und durch Ihre Depression geleiten können, dass allein schon das Wissen um diese Tatsache beruhigend, wohltuend und heilsam ist.

So kommen Sie ganz sicher eines Tages an den Punkt, an dem Sie Ihre Erkrankung annehmen können. So wie es immer im Leben ist: Solange man sich mit allen Kräften wehrt, geht es einem schlecht. Erst wenn man die Situation annimmt, dann ist schon der erste Schritt zu einer Verbesserung des eigenen Wohlbefindens getan.

Ich denke, dass Sie die Sache auch so ansehen, dass Sie selber aktiv werden und bleiben müssen, sonst geschieht gar nichts – das ist doch im Grunde genommen das ganze Geheimnis. Ehrlich gesagt hatte ich damals, bei der Lektüre des Artikels im FOCUS über Depressionen, die Befürchtung, dass empfohlen würde, sich in die Schicki-Micki-Klinik des renommierten Herrn Professors Blitzgescheit an einem wunderschönen See zu begeben, um dort dann mit der allerneuesten Antidepressionstherapie behandelt zu werden. Doch wie Sie inzwischen wissen, geschah nichts dergleichen. Noch heute will es mir manchmal erscheinen, als könne ich es kaum fassen, dass da am Anfang zur Vermeidung von Depressionen eine ganz uralte Weisheit stand, nämlich:

Kümmere Dich um andere Menschen!

Der Chefarzt einer bekannten Kurklinik im nördlichen Schwarzwald sagte neulich, als mein Mann sich dort wegen einer überstandenen Bypassoperation zur Rehabilitation aufhielt: „Wer sich bewegt und Ziele verfolgt, bekommt keine Depression!". Und das mache ich, so gut ich kann, im Rahmen meiner Möglichkeiten, manchmal direkt, manchmal indirekt über meine Bücher und Verträge. Darf ich Ihnen raten, dies auch zu tun und zu Ihrem Motto zu machen?

Erst heute Morgen habe ich in unserem Sonntagsblättchen gelesen: Geben ist seliger denn Nehmen. Ich möchte Sie ermutigen, diese Schritte auf Ihren Nächsten hin zu tun. Begraben Sie, falls vorhanden, Ihren Egoismus und entschließen Sie sich, zu helfen und Gutes zu tun, wo Sie nur können und wo Sie Handlungsbedarf entdecken. Sie werden bald merken, wie gut Ihnen das tut. Möglichkeiten gibt es genug, also runter vom Sofa, weg mit dem Selbstmitleid, auf die Füße und in die Hände gespuckt! Und wenn Sie sich kümmern (statt sich zu bekümmern!), dann sorgen Sie bitte dafür, dass Sie sich wohlfühlen bei dem, was Sie tun. Sie haben Ihr Recht auf eigene Neigungen und Vorlieben, also übernehmen Sie nicht aus falscher Nächstenliebe Aufgaben, die Ihnen überhaupt nicht liegen. Sie würden sich selbst und Ihrem Gegenüber keinen Gefallen tun. So kommen Sie auch trotz Ihrer Erkrankung zu einem guten, von Kraft, Zuversicht und Hoffnung getragenen Leben.

So viel zum Thema Depressionen. Ich hoffe, dass Sie alle für Sie wichtigen Informationen erhalten und verinnerlicht haben, und dass Sie viel für sich selbst profitieren können.

Nicht jede Verstimmung ist eine Depression

Und jetzt gibt es noch eine für Sie gute Nachricht: Die kleine Schwester der Depression heißt Depressive Verstimmung und hat keinen Krankheitswert. Die depressive Verstimmung deutet sogar auf eine absolut gesunde Seelenlage hin.

Wie ist das zu verstehen?

Wir haben viele verschiedene Gefühle zur Verfügung, die wir auch alle ausleben dürfen, so lange sie anderen Menschen nicht schaden. Der Wechsel zwischen den unterschiedlichen Gefühlen zeigt das Temperament, die Lebensfreude und die Vitalität eines Menschen an, und ist ein Spiegel seiner seelischen Gesundheit und Balance. Und hier kann es vereinzelt zu Verstimmungen kommen, die keine Depression sind, sondern eigentlich bei jedem Menschen zum Auf und Ab des Lebens gehören. Lassen Sie mich doch einmal ein Beispiel für eine seelische Verstimmung schildern:

Es ist ein wunderschöner Sonntagmorgen. Die Morgensonne lässt den Tag freundlich und hell erscheinen. Dieter, glücklicher und zufriedener Familienvater, ist früh aufgestanden und hat be-

schlossen, seine Familie mit einem üppigen, liebevollen Frühstück zu beglücken. Voller Vorfreude
stellt er alles bereit, bäckt Brötchen auf, stellt den
Orangensaftkrug auf den blumengeschmückten
Frühstückstisch und wendet sich, den kommenden
Genuss vor Augen, der Kaffeemaschine zu. Dieter
ist Kaffeenarr, das weiß jeder im Haus. Er glaubt es
nicht – das geringe Gewicht der Kaffeedose zeugt
vom Super-GAU – der Kaffee ist alle, und die Tank-
stelle um die Ecke, sonst Notnagel in allen Fällen,
wo etwas vergessen wurde, ist heute geschlossen

Was passiert mit unserem Dieter?

Von einer Sekunde auf die andere schlagen Stimmung und Gefühle unseres Protagonisten um. Aus
dem fröhlichen, liebevollen Dieter, der seiner Familie eine besondere Sonntagsfreude bereiten
wollte, wird in Sekundenschnelle ein griesgrämi-
ger, beleidigter, wütender Familiendrache.
Schimpfend verteilt er mit nicht ganz feinen Worten die unterschiedlichsten Vorwürfe. Der Sonntagmorgen scheint gelaufen … Doch da: Die Kü-
chentüre springt auf und herein hüpft fröhlich und
lachend die kleine Lena direkt auf ihren Papa zu,
fällt ihm um den Hals, küsst ihn und erzählt ihm
sprudelnd, was sie Schönes geträumt hat. Und was
geschieht jetzt! Erneut ist die Stimmung von Fami-
lienpapa Dieter umgeschlagen in Freude, Liebe, ja

Glück, und Wohlbehagen. Ist doch die kleine Lena sein ganzer Stolz, Mittelpunkt seiner ungeteilten Vaterliebe. Was ist da so ein lapidarer Kaffeenotstand dagegen! Vergessen ist er, verschwunden, und das Sonntagsfrühstück wird kein bisschen weniger genossen – mit dem guten Darjeelingtee, der ganz hinten im Schrank ein vergessenes Dasein fristete. So muss es sein, das Leben! Ein Leben voller täglicher Freude, Liebe und Zuneigung. Das nur macht das Leben reich, abwechslungsreich und schön. Das verkraftet dann auch einmal einen Streit oder Ärger. Es gibt Spielregeln, die eingehalten werden müssen, dann ist die depressive Verstimmung kein Problem.

Eine Warnung sei aber gestattet: Meine Recherchen im Internet haben zu Tage gebracht, dass durchaus Vorsicht geboten sein kann, wenn ein sonst so lebendiger und positiver Mensch zum anhaltenden Miesepeter mutiert. Es gibt nämlich Fälle, wo depressive Verstimmungen in echte Depressionen abglitten.

So langsam kommen wir zum Ende dieses Büchleins. Und nun, nachdem Sie mich so lange begleitet haben, möchte ich ein Wort an die Angehörigen richten. Die folgenden Empfehlungen stammen aus dem Internet, sind also nicht auf meinem eigenen Mist gewachsen …

Die Krankheit eines Angehörigen geht nicht spurlos an den anderen Familienmitgliedern vorbei.

➤ Bitte sorgen Sie gut für sich, indem sich nicht alles den ganzen Tag um den Kranken und seine Krankheit dreht.

➤ Die Depression eines Angehörigen bleibt nicht ohne Auswirkungen auf die Umgebung.

➤ Pflegen Sie, trotz des Kranken im Haus, Ihr eigenes normales Leben.

➤ Lassen Sie sich nicht von der Hoffnungslosigkeit und der Hilflosigkeit des Kranken anstecken.

➤ Begegnen Sie dem Leiden des Kranken mit einer gesunden Sachlichkeit.

➤ Bieten Sie dem Kranken Unterstützung und Hilfe an, lassen Sie sich jedoch nicht ausnützen.

➤ Füllen Sie Ihre eigenen seelischen Kraftstofftanks immer wieder auf, indem Sie sich Auszeiten im Kreise fröhlicher und gesunder Menschen gönnen.

- ➤ Versuchen Sie, andere Angehörige in die Betreuung einzubinden – auf mehrere Schultern verteilt lebt es sich leichter.

- ➤ Werden und bleiben Sie fit durch regelmäßigen Ausdauersport.

- ➤ Bringen Sie Farbe und Abwechslung in Ihren Tagesablauf und pflegen Sie auch Gesprächsthemen abseits vom Thema Krankheit oder Depression.

- ➤ Pflegen Sie Hobbys.

- ➤ Greifen Sie zu Tätigkeiten, die Freude machen und ein Erfolgserlebnis versprechen.

- ➤ Lernen Sie entspannen, sei es mit autogenem Training oder Muskelrelaxation.

- ➤ Besuchen Sie Selbsthilfegruppen oder Angehörigentreffs. Hier begegnen Sie Experten, die Sie gut verstehen, weil auch sie mittelbar von der Depression betroffen sind.

- ➤ Holen Sie sich Hilfe, wenn es beginnt, Ihnen schlecht zu gehen. Ein Psychotherapeut kann Ihnen neue Kraft vermitteln.

➢ Informieren Sie sich umfassend und bestmög-
lich, ohne sich ausschließlich auf dieses Thema
zu fokussieren.

➢ Holen Sie sich Rat in Gesprächen mit Mitglie-
dern des Sozialen Dienstes.

➢ Und als Allerletztes: Verlieren Sie nie Ihr Ziel
aus den Augen. Sie haben ein Recht auf ein gutes, erfülltes Leben.

Zur Autorin

Waltraut Weinert wurde 1946 in Fünfbronn/ Schwarzwald geboren. Sie ist seit 20 Jahren mit Rolf verheiratet. Sie hat 3 erwachsene Kinder und 4 Enkelkinder.

Jahrzehntelang hat sie als Lehrerin hauptsächlich an der Hauptschule unterrichtet.

Für ihren Ruhestand hat sie es sich zur Aufgabe gemacht, über bewegende Themen des Alltags zu schreiben und Vorträge zu halten.

Ihre Bücher und andere Produkte wie Hörbücher und DVD können Sie über den gängigen Buchhandel oder direkt bei ihr bestellen.

Auch Vortragsanfragen und –wünsche können Sie direkt an sie richten.

Weitere lieferbare Titel der Autorin:

Glücklich, zufrieden und kraftvoll leben

(€ 12,90)   ISBN 978-3-8423-6156-0

Der Weg in ein neues, gutes Leben

(€ 10,50)   ISBN 978-3-8423-6154-6

Das Geheimnis des Glaubens - Lebenshilfe pur

(€ 9,90)   ISBN 978-3-8423-5732-7

Bezug über den einschlägigen Buchhandel sowie Online möglich.

Kontakt: waltrautweinert@yahoo.de

Denken Sie daran:

Wer nicht genießt, wird ungenießbar!

Ich wünsche Ihnen eine gute Zeit, viel Erfolg bei der Umsetzung meiner Anregungen und so viel Gesundheit wie möglich.

Ihre

Waltraut Weinert

www.tredition.de

Über tredition

Der tredition Verlag wurde 2006 in Hamburg gegründet. Seitdem hat tredition Hunderte von Büchern veröffentlicht. Autoren können in wenigen leichten Schritten print-Books, e-Books und audio-Books publizieren. Der Verlag hat das Ziel, die beste und fairste Veröffentlichungsmöglichkeit für Autoren zu bieten.

tredition wurde mit der Erkenntnis gegründet, dass nur etwa jedes 200. bei Verlagen eingereichte Manuskript veröffentlicht wird. Dabei hat jedes Buch seinen Markt, also seine Leser. tredition sorgt dafür, dass für jedes Buch die Leserschaft auch erreicht wird

Autoren können das einzigartige Literatur-Netzwerk von tredition nutzen. Hier bieten zahlreiche Literatur-Partner (das sind Lektoren, Übersetzer, Hörbuchsprecher und Illustratoren) ihre Dienstleistung an, um Manuskripte zu verbessern oder die Vielfalt zu erhöhen. Autoren vereinbaren unabhängig von tredition mit Literatur-Partnern die Konditionen ihrer Zusammenarbeit und können gemeinsam am Erfolg des Buches partizipieren.

Das gesamte Verlagsprogramm von tredition ist bei allen stationären Buchhandlungen und Online-Buchhändlern wie z. B. Amazon erhältlich. e-Books stehen bei den führenden Online-Portalen (z. B. iBookstore von Apple) zum Verkauf.

Seit 2009 bietet tredition sein Verlagskonzept auch als sogenanntes "White-Label" an. Das bedeutet, dass andere Personen oder Institutionen risikofrei und unkompliziert selbst zum Herausgeber von Büchern und Buchreihen unter eigener Marke werden können.

Mittlerweile zählen zahlreiche renommierte Unternehmen, Zeitschriften-, Zeitungs- und Buchverlage, Universitäten, Forschungseinrichtungen, Unternehmensberatungen zu den Kunden von tredition. Unter www.tredition-corporate.de bietet tredition vielfältige weitere Verlagsleistungen speziell für Geschäftskunden an.

tredition wurde mit mehreren Innovationspreisen ausgezeichnet, u. a. Webfuture Award und Innovationspreis der Buch-Digitale.

tredition ist Mitglied im Börsenverein des Deutschen Buchhandels.

Zeitfracht Medien GmbH
Ferdinand-Jühlke-Straße 7
99095 Erfurt, Deutschland
produktsicherheit@kolibri360.de